Vente du Jeudi 27 Juin 1867

GALERIE

DE

M. P. MUÑOZ

COMTE DEL RETAMOSO

Me Charles PILLET
COMMISSAIRE-PRISEUR

M. HORSIN-DÉON
EXPERT

1867

GALERIE M. P. MUÑOZ

Comte del RETAMOSO

CONDITIONS DE LA VENTE

Elle sera faite au comptant.

L'adjudicataire payera *cinq pour cent* en sus de l'enchère.

L'exposition mettant le public à même de se rendre compte de l'état des objets, il ne sera admis aucune réclamation une fois l'adjudication prononcée.

CE CATALOGUE SE TROUVE:

A Paris, chez MM.	*Charles Pillet,* commissaire-priseur, rue de Choiseul, 11.
	Horsin-Déon, peintre expert, 15, rue des Moulins.
A Londres,	*Colnaghi,* Pall-Mall-East, 14.
—	*John Webb,* 22, Cork-Street, Burlington-Garden.
—	*H. Durlacher,* 113, New-Bond street.
—	*Annoot,* 16, Old-Bond street.
—	*F. Davis,* 101, New-Bond street.
—	*Gambart,* 120, Pall-Mall.
A Bruxelles,	*Etienne Leroy,* 12, place du Grand-Sablon.
—	*Héris.*
A Berlin,	*Fiocati,* Unter den Linden, 21.
—	*Lepké,* Unter den Linden, 12.
A Vienne,	*Artaria* et Cᵉ.
—	Maison *Goupil,* représentant M. *Kaeser.*
A Francfort-s.-Mein,	*Lœwenstein* frères, Zeil.
—	*Goldschmidt,* Zeil, hôtel de Russie.
—	*Baer (Antoine),* place Schiller.
A Saint-Pétersbourg,	*Negri* père et fils.
A La Haye,	*Van Gogh,* marchand d'estampes.
A Rotterdam,	*Lamme,* conservateur du Musée.
A Rome,	*Menchetti,* via Babuino.

Imprimé chez Pillet fils aîné, rue des Grands-Augustins, 5.

CATALOGUE

DES

TABLEAUX ANCIENS

DES ÉCOLES

Espagnole, Flamande, Hollandaise & Italienne

FAISANT PARTIE DE LA GALERIE DE

M. P. MUÑOZ, comte del RETAMOSO

PAR

HORSIN-DÉON

Peintre, restaurateur des Tableaux des Musées impériaux,
membre de plusieurs Sociétés artistiques et savantes, etc.

PREMIÈRE VENTE

Hôtel Drouot, salle n° 8

Le Jeudi 27 Juin 1867, à deux heures

Par le ministère de Me CHARLES PILLET
Commisaire-Priseur, 11, rue de Choiseul

Assisté de M. HORSIN-DÉON
Expert, 15, rue des Moulins

EXPOSITIONS { PARTICULIÈRE, le Mardi 25 Juin 1867
PUBLIQUE, le Mercredi 26 Juin 1867 }

de une heure à cinq heures.

La Collection dont nous offrons le Catalogue n'est qu'une partie de la célèbre Galerie GARCIA LUZ, échue en héritage à M. P. Muoñz et à Don Serafin Martinez, son parent. Ce dernier a cédé à M. Salamanca plusieurs tableaux qui comptaient parmi les plus importants de la Galerie de ce dernier, entre autres l'*Intérieur de Posada* par Velasquez, connu dans la Galerie Garcia sous le titre de *Déjeuner gras.* Son pendant, le *Déjeuner maigre,* figure dans notre Exposition.

La belle Collection que nous livrons aux enchères est donc connue et digne du plus haut intérêt. Nous osons espérer que, malgré la saison très-avancée,

Messieurs les Amateurs et Spéculateurs répondront à notre appel et visiteront notre Exposition, surtout quand nous affirmerons qu'ils y rencontreront de vrais chefs-d'œuvre des différents maîtres et plusieurs Murillo du choix le plus exquis.

DESCRIPTION DES TABLEAUX

ÉCOLE ESPAGNOLE

CANO

(ALONZO) — *Signé.*

1 — **Saint Paul dans sa retraite.**

Le premier ermite est à genoux à l'ombre d'un palmier, à l'entrée de sa grotte. Une natte entoure ses reins. Près de lui, à terre, sont deux vieux livres reliés en parchemin, une tête de mort, un bâton et une sébille.

Saint Paul est interrompu dans ses prières par l'arrivée miraculeuse du corbeau qui lui apporte un pain, sans doute pour la première fois, car sa pose et l'expression de son visage, tourné du côté du messager céleste, expriment la plus grande surprise mêlée à la plus profonde admiration.

Un dessin correct, une couleur vraie, vigoureuse et

harmonieuse tout à la fois, ne font qu'ajouter au charme de cette belle figure remplie de mouvement, de sentiment et d'expression.

Toile. 1 mèt. 68 cent.; larg. 1 mèt. 18 cent.

CORTE

(GABRIEL DE LA)

2 — **Guirlande de Fruits.**

Elle se compose de raisins, de poires, de pommes, de prunes, de pêches, de cédras et autres fruits accrochés à des pilastres. Un perroquet en brise les branches entrelacées.

Toile. Haut. 65 cent.; larg. 1 mèt. 45 cent.

CORTE

(GABRIEL DE LA)

3 — **Guirlande de Fleurs.**

Ce sont des roses, des boules de neige, des lys, des volubilis, des pavots, un soleil et autres fleurs. Un perroquet s'y voit aussi perché.

Toile. Haut. 65 cent.; larg. 1 mèt. 45 cent.

HERRERA

LE JEUNE (FRANÇOIS)

4 — **Fruits et Fleurs.**

Un grand vase de verre contenant des pêches, des prunes, une branche de jasmin, un œillet et des roses, est déposé sur un banc de pierre où se voient encore un melon entr'ouvert, une branche de prunier chargée de fruits, une poire, des figues et un roseau.

Des raisins, des grenades, des pommes, des coings, une moitié de cocomero jetés à terre, garnissent tout le premier plan de ce tableau magnifique.

Enfin un groupe de roses trémières, une échappée de paysage, une vieille muraille contre laquelle grimpe une vigne, composent un fond harmonieusement disposé, sur lequel se détachent resplandissants de couleur et de fraîcheur les groupes principaux de ce tableau d'un effet magique.

Toile. Haut. 1 mèt. 46 cent.; larg. 1 mèt. 36 cent.

MURILLO

(BARTHELEMY, ESTEBAN)

5 — **L'Annonciation.**

Agenouillée devant un prie-Dieu, sur lequel est un livre ouvert, la Vierge est interrompue dans ses méditations par l'arrivée de l'Ange Gabriel qui, sur un nuage, tenant une branche de lys d'une main, montrant le ciel de l'autre, fléchit le genou devant elle et lui révèle ses hautes destinées.

Marie, vêtue d'une robe rouge, enveloppée d'un large manteau bleu, la tête en partie couverte d'un voile qui descend sur ses épaules, est éclairée d'une lumière divine.

Le Saint-Esprit plane au-dessus d'elle. Elle accueille avec modestie le messager céleste aux blanches ailes déployées. Des groupes d'anges, des chérubins dans les nuages écartés; une corbeille à ouvrage à terre sur le premier plan, terminent cette gracieuse composition.

Toile. Haut. 54 cent.; larg. 39 cent.

MURILLO

(BARTHÉLEMY, ESTEBAN)

6 — **Jésus au Jardin des Olives.**

Agenouillé sur la montagne, Notre-Seigneur, les mains croisées sur la poitrine, les regards élevés, regarde avec résignation le calice d'amertume et la croix que lui présente un ange qui apparaît porté sur un nuage au centre d'un disque lumineux qui éclaire cette scène de douleur.

L'exécution franche et vaporeuse, le coloris plein de fraîcheur de ces deux jolis tableaux, les classent parmi les œuvres choisies du Murillo.

Non-seulement ils brillent des tons les plus frais et les

plus argentins, mais encore leurs compositions sont des mieux entendues et puisent dans leur simplicité même tous leurs avantages. Tout y est vrai, sans roideur, gracieux, sans apprêt.

Toile. Haut. 54 cent.; larg. 39 cent.

MURILLO

(BARTHÉLEMY, ESTEBAN)

7 — **Portrait de Murillo.**

Il est jeune. Vu en buste, les yeux tournés vers le spectateur, ses longs cheveux rejetés en arrière, laissent son beau et large front à découvert. De légères moustaches ornent sa lèvre supérieure et ajoutent à l'agrément de sa physionomie aimable et sympathique.

Toile. Haut. 41 cent.; larg. 32 cent.

MURILLO

(BARTHÉLEMY, ESTEBAN)

8 — **La Vierge en prière.**

Les mains posées sur sa poitrine, la tête doucement inclinée, les yeux fixés à terre; la Vierge est représentée debout et à mi-jambes, elle prie. Un voile léger de toile bise entoure sa tête ornée de beaux cheveux châtains séparés sur le front. Sa robe est d'un rose violacé; un large manteau est jeté sur ses épaules.

Beaucoup de souplesse et de charme dans l'attitude, une couleur suave, un pinceau moelleux, enfin ce vague que le grand maître de Séville sait si habilement répandre dans ses ouvrages. Toutes ces qualités se joignent dans cette belle vierge à une couleur vigoureuse.

Toile. Haut. 103 cent.; larg. 78 cent.

MURILLO

(BARTHÉLEMY, ESTEBAN)

9 — **Tête de saint Paul.**

La tête du saint martyr est déposée sur un plat de métal et placée sur une table couverte d'un tapis contre laquelle une épée est appuyée. Au fond, se voient les trois fontaines jaillissantes qui marquèrent l'endroit où elle tomba.

Toile. Haut. 49 cent.; larg. 74 cent.

MURILLO

(BARTHÉLEMY, ESTEBAN)

10 — **Ecce Homo.**

Le Sauveur est vu à mi-corps, le front couronné d'épines, les bras liés par des cordes serrées, tenant d'une main un roseau, et de l'autre une draperie écarlate qu lui entoure le corps. Ses yeux sont baissés et tout en lui exprime une sublime résignation.

Toile. Haut. 67 cent.; larg. 55 cent.

MURILLO

(BARTHÉLEMY, ESTEBAN)

Les Douze Apôtres et saint Jude.

11 — **Saint Pierre.**

Le saint apôtre est debout tenant deux clefs, l'une de fer, l'autre d'or dans sa main droite, tandis que la gauche est posée sur sa poitrine; il a le front chauve, la barbe et les cheveux blancs. Les yeux levés au ciel; il prie.

Toile. Haut. 103 cent.; larg. 78 cent.

MURILLO

(BARTHÉLEMY, ESTEBAN)

12 — **Saint Paul.**

Le saint apôtre des Gentils est enveloppé d'un long manteau. Il tient dans sa main droite un gros livre dans la lecture duquel il semble absorbé, et de la gauche, il soutient une épée dont la lame s'appuie contre son épaule.

Toile. Haut. 103 cent.; larg. 78 cent.

MURILLO

(BARTHÉLEMY, ESTEBAN)

13 — **Saint Jacques-le-Majeur.**

Une épaisse chevelure brune couvre la tête du saint parent de Jésus et lui descend en boucles sur les épaules. Il tient un bourdon dans la main droite; dans la gauche, un livre pour rappeler que le Seigneur lui communiqua le don de science.

Toile. Haut. 103 cent.; larg. 78 cent.

MURILLO

(BARTHÉLEMY, ESTEBAN)

14 — **Saint Jacques-le-Mineur.**

Le frère de saint Jean est représenté jeune à en juger par la couleur et l'abondance de sa chevelure, par la puissante énergie de ses traits et de son regard. Sa main gauche levée, s'appuie sur le haut d'une massue, et le mouvement de sa main droite semble indiquer qu'il vient de parler.

Toile. Haut., 103 cent.; larg., 78 cent.

MURILLO

(BARTHÉLEMY, ESTEBAN)

15 — Saint André.

Le frère de Pierre, le plus ancien disciple de Jésus, le front chauve et ridé, une longue barbe blanche flottant sur sa poitrine, soutient des deux mains une croix en chevalet, instrument de son supplice, et élève ses regards au ciel. Le calme et une douce fermeté sont empreints sur ses traits.

Toile. Haut. 103 cent.; larg. 78 cent.

MURILLO

(BARTHÉLEMY, ESTEBAN)

16 — Saint Philippe.

Le saint est debout, les mains jointes, une croix passée entre ses bras est appuyée sur son épaule gauche. Les yeux tournés du côté du spectateur, il prie.

Toile. Haut. 103 cent.; larg. 78 cent.

**

MURILLO

(BARTHÉLEMY, ESTEBAN)

17 — Saint Mathieu.

Le saint Evangéliste soutient de la main droite une espèce d'équerre appuyée contre son épaule. La blancheur de ses cheveux, les rides de son front, témoignent de son grand âge. Ses regards, humblement abaissés, le mouvement de ses lèvres, de sa tête et de sa main gauche, indiquent qu'il parle et que de sa bouche sortent quelques-unes des belles paroles que lui inspire le Saint-Esprit.

Toile. Haut. 103 cent.; larg. 78 cent.

MURILLO

(BARTHÉLEMY, ESTEBAN)

18 — Saint Jean.

Le disciple bien-aimé de Jésus, vu de profil, ses longs cheveux tombant sur ses épaules, est drapé dans un manteau écarlate. Il tient dans sa main gauche un calice qu'il bénit et de la coupe duquel s'élance un dragon.

Toile. Haut. 103 cent.; larg. 78 cent.

MURILLO

(BARTHÉLEMY, ESTEBAN)

19 — **Saint Simon.**

Le saint apôtre est représenté de profil et dans un âge avancé. Ses cheveux, sa barbe sont blancs, son visage et ses mains ridés. Le mouvement de sa main droite levée, et l'expression de son visage, indiquent qu'il prêche. Sa main gauche est appuyée sur le haut d'une scie qui témoigne de son martyre.

Toile. Haut. 103 cent.; larg. 78 cent.

MURILLO

(BARTHÉLEMY, ESTEBAN)

20 — **Saint Matthias.**

Le saint est représenté debout, ses cheveux et sa longue barbe brune flottant sur un manteau de couleur écarlate jeté sur son épaule. Il soutient de sa main gauche un gros livre sous son bras, et de la droite, une hache.

Toile. Haut. 103 cent.; larg. 78 cent.

MURILLO

(BARTHÉLEMY, ESTEBAN)

21 — Saint Barthélemy.

Couvert d'un manteau blanc qu'il relève de la main gauche et qui se drape sur un vêtement rouge, saint Barthélemy, la barbe et les cheveux blancs, le front ridé, est debout, montrant un long couteau, instrument de son supplice, qu'il tient dans sa main droite.

Toile. Haut. 103 cent.; larg. 78 cent.

MURILLO

(BARTHÉLEMY, ESTEBAN)

22 — Saint Thomas.

Le saint, distrait de la lecture d'un livre qu'il tient ouvert devant lui, tourne la tête à droite et porte au loin un regard investigateur. Il tient encore de la main gauche une lance, sans doute comme rappel de son incrédulité.

Toile. Haut. 103 cent.; larg. 78 cent.

MURILLO

(BARTHÉLEMY, ESTEBAN)

23 — **Saint Jude, surnommé Thaddée.**

La tête inclinée, le saint apôtre tient ouvert de la main droite le livre des Evangiles dans la lecture duquel il est profondément absorbé. Sa main gauche est posée sur sa poitrine et une pique passée entre son bras est appuyée sur son épaule.

Toile. Haut. 103 cent.; larg. 78 cent.

Si ces belles figures vues à mi-jambes sont étrangères aux idéales beautés du grand style, que d'autres qualités en revanche ne nous offrent-elles pas! A côté d'un pinceau plein d'énergie, d'un coloris vigoureux, est l'expression. Le jeu des physionomies de ces apôtres est d'une vérité saisissante, ce sont bien là ces hommes du peuple, fiers athlètes qui entouraient Jésus et que la Foi seule anoblissait.

VELASQUEZ

(DON DIEGO RODRIGUEZ DE SILVA Y)

24 — **Le Déjeûner maigre.**

Dans l'intérieur d'une posada, deux hommes et une femme du peuple sont assis devant une table couverte d'une nappe blanche sur laquelle sont servis dans une assiette une queue de saumon et un demi-citron, un pain, un verre de vin à moitié rempli; une orange, une rave, une salière et un couteau. La femme qui occupe le centre du tableau tient élevée une cruche de terre, et semble inviter ses deux compagnons à boire et à suspendre une conversation qui, par leurs gestes et l'expression de leurs visages, doit avoir trait à quelque grave affaire.

Aux lambris de cet intérieur rustique, sont accrochés de gros poissons secs qui complètent l'ensemble de ce tableau de la première manière du maître.

Pendant de celui de la Galerie Salamanca, *le Déjeuner gras.*

Toile. Haut. 1 mèt 23 cent.; larg. 1 mèt. 47 cent.

VELASQUEZ

(DON. DIEGO RODRIGUEZ DE SILVA Y)

25 — **Portrait d'homme.**

Il est vu en buste, de trois quarts et de grandeur naturelle. De longs cheveux blonds retombent sur ses épaules. Un col blanc rabattu sur son juste au corps brun verdâtre, entoure son cou.

Ce portrait plein de vie possède la noble assurance qui convient à ce personnage dont la ressemblance indique appartenir à la famille de Philippe IV.

Toile. Haut. 46 cent.; larg. 38 cent.

VELASQUEZ

(DON DIEGO RODRIGUEZ DE SILVA Y)

26 — **Le Forgeron.**

Il est debout près de sa forge, tenant un marteau en main. Vu de dos, il est presque nu, une draperie jaunâtre enveloppe seule la partie inférieure du corps.

Cette belle figure puissante de couleur et de modelé, saisissante de vérité, jouit en Espagne d'une estime populaire.

Toile. Haut. 87 cent.; larg. 48 cent.

VELASQUEZ

(Attribué à)

27 — **Paysage, Architecture et Figures.**

Bois. Haut. 46 cent.; larg. 67 cent.

ÉCOLE ITALIENNE

ÉCOLE VÉNITIENNE

28 — **Diane au bain.**

Dans un paysage montagneux et solitaire, abrité par des plantes buissonneuses et des débris d'architecture, Diane assise sur une pierre couverte d'une draperie de velours cramoisi, vient de sortir du bain; une nymphe lui essuie les pieds tandis qu'elle s'apprête à se couvrir d'une large draperie blanche.

Cette peinture, exécutée dans la manière du Titien auquel elle était attribuée, est d'une conservation incroyable, aucune des altérations inhérentes aux vieilles peintures ne s'est produite dans celle-ci. Les tons y sont d'une fraîcheur, d'une vérité admirables. Ce curieux tableau dont l'agatisation détermine sûrement l'époque, fait rêver à ce que devait être en son temps la peinture vénitienne, si vraiment tous ses artistes étaient coloristes à un tel degré.

Toile. Haut. 1 mèt. 12 cent.; larg. 96 cent.

ÉCOLE DE LÉONARD DE VINCI

29 — **La Vierge et l'Enfant.**

Marie, debout, contemple avec amour son divin fils assis sur un coussin posé sur une table de marbre. Fond de paysage.

Bois. Haut. 62 cent.; larg. 50 cent.

ÉCOLES ALLEMANDE

FLAMANDE & HOLLANDAISE

BENT

(JEAN VAN DER)

30 — **Paysage et Animaux.**

Dans un paysage montagneux, en face d'une hôtellerie avec perron bâtie sur d'anciennes ruines, des vaches, des moutons, des chèvres sont réunis autour d'une fontaine monumentale et gardés par un pâtre assis à l'ombre non loin d'eux. Un paysan conduisant des bestiaux s'éloigne et disparaît avec eux dans les replis du terrain.

Toile. Haut. 1 mèt. 11 cent.; larg. 92 cent.

BEGYN

(ABRAHAM)

31 — **Paysage et Animaux.**

Dans un paysage accidenté et boisé, des moutons, des chèvres, un belier, les uns couchés, les autres debout, sont enfermés dans un clos. Une femme derrière la haie, veille sur eux. Un bouquet d'arbres, un vieux saule mort et de larges plantes pittoresquement disposées garnissent le premier plan de cet agréable tableau.

Toile. Haut. 1 mèt. 11 cent.;larg. 92 cent.

BREUGHEL

32 — **La Tour de Babel.**

La vue en est prise à vol d'oiseau et s'étend au loin. La tour, bâtie au centre du tableau, est entourée d'un côté par un riant paysage, de l'autre par la mer qui borne l'horizon. Déjà elle s'élève au delà des nuages et forme un immense monument sous lequel passe un fleuve qui arrose la campagne.

Uue grande animation règne partout : des vaisseaux, des barques de toutes grandeurs sont amarrées aux quais de la tour ou voguent dans le port. Une quantité immense d'ouvriers se voient à tous les étages du monument, et la campagne est couverte de bestiaux et de cultivateurs.

Bois. Haut. 61 cent.; larg. 74 cent.

COXIE

(MICHEL)

33 — **Sainte Famille.**

Dans l'intérieur d'une vaste pièce dont la porte ouverte laisse apercevoir un paysage, l'Enfant Jésus, soutenu sur son berceau par la Vierge assise, reçoit à bras ouverts le petit saint Jean que lui présente sainte Anne agenouillée devant lui. Un peu en arrière un ange debout supporte au-dessus de Marie une couronne de fleurs blanches.

Panneau. Haut. 87 cent.; larg. 71 cent.

DIÉTRICK

34 — **Portrait d'Homme.**

Il est vu en buste coiffé d'une toque, et porte un hausse-col et une chatne d'or sur son habit noir.

Bois. Haut. 54 cent.; larg. 40 cent.

DUC

(JEAN LE) *Signé.*

35 — **Le Quintette.**

Des personnages de distinction sont réunis dans une vaste pièce pour y faire de la musique, et exécutent un quintette. Une dame pinçant de la mandoline, un jeune homme jouant de la basse, occupent le premier plan; une autre dame touche de l'orgue, à son côté un gentilhomme joue de la flûte. Le violon est placé un peu en arrière devant une table chargée de cahiers de musique. Deux jeunes femmes et un autre personnage suivent les musiciens en lisant la partition ou en marquant la mesure. Divers instruments sont déposés sur une seconde table.

Bois. Haut. 38 cent.; larg. 53 cent.

F. F. 1660

(*Signature illisible*)

36 — **Le Médecin grec.**

Ce tableau présente deux personnages dans de riches costumes orientaux. L'un, vêtu d'une robe de soie jaune serrée à la taille par une ceinture de cachemire, avec un pardessus doublé de fourrure orné de passementeries d'argent, coiffé d'un turban ornementé d'un riche bijou, est assis et le coude appuyé sur des ballots de marchandise. Il écoute avec attention un jeune homme debout à son côté qui semble, à en juger par la pose indicatrice de sa main droite, lui donner quelques instructions ou ordres. Ce dernier est vêtu d'une tunique blanche serrée à la taille par une ceinture de soie bleue et d'un pardessus de velours violet orné de passementerie d'argent, doublé de fourrure ainsi que le bonnet rouge dont il est coiffé. Des bottes longues en buffle complètent son élégant costume.

Ce petit tableau d'une couleur claire, brillante et vraie était attribué à Metzu avec lequel il offre de grands rapports. En retirant le cadre nous avons trouvé les fragments d'une signature que nous livrons aux recherches des amateurs et qui doit être celle d'un maître connu, car cette œuvre offre des qualités qui la rangent parmi celles des artistes distingués de l'école hollandaise.

Bois. Haut. 49 cent.; larg. 36 cent.

HONDEKOETER

Signé.

37 — **Quatre Poules et un Coq dans un Paysage.**

Toile. Haut. 80 cent.; larg. 67 cent.

KALF

(GUILLAUME) *Signé d'un monogramme illisible.*

38 — **Intérieur de Basse-Cour.**

Un héron mort, un pot au lait en cuivre, un soufflet, un chapeau de paille, un baquet, des vases de terre, des chaudrons, des tonneaux déposés sur une table ou jetés à terre, se mêlent avec des choux, des carottes, des navets et autres légumes, et rivalisent de désordre avec eux.

Dans le fond, un vieux four sur lequel se voient pêle-mêle, des accessoires rustiques; un puits, deux chèvres qui se reposent, enfin de vieilles baraques en planches, terminent l'ensemble de cet intérieur rempli de détails rendus avec grande vérité.

Bois. Haut. 39 cent.; larg. 54 cent.

JORDAENS

(JACQUES)

39 **Les Augures.**

Dans le temple d'Apollon dont la statue se voit à la gauche du tableau, sept augures entourent un grand bassin de cuivre à demi rempli, d'eau, que trois d'entre eux semblent consulter en le touchant. Un grand prêtre revêtu des habits sacerdotaux, se penche comme pour prêter attention, car un des augures vêtu de noir semble indiquer à tous les assistants fort impressionnés déjà par ce que présage le contenu du bassin, que la statue va rendre ses oracles.

Ces belles figures vues à mi-jambes, sont étudiées avec un soin extrême et exécutées avec une vigueur de couleur et de brosse qui leur imprime le mouvement et la vie. Chacun de ces personnages exprime d'une manière saisissante par son geste, par sa pose, les divers sentiments qui l'agite. De plus, tous offrent dans leurs riches costumes une variété pittoresque qui, jointe aux dispositions si bien entendues de la composition, forme un magnifique ensemble répondant à l'illusion que produit le grand effet de ce tableau, chef-d'œuvre du maître.

Toile. Haut. 1 mèt. 30 cent.; larg. 1 mèt. 82 cent.

MEULENAER

(PIERRE) *Signé*, 1649

40 — **L'Embuscade.**

De nombreux cavaliers cachés dans un petit bois, attaquent un groupe de cavalerie qui se défend avec vaillance.

Bois. Haut. 38 cent.; larg. 54 cent.

MEULENAER

(PIERRE)

41 — Attaque d'un Convoi.

C'est encore un choc de cavalerie dans lequel la valeur le dispute à la valeur.

Bois. Haut. 38 cent.; larg. 54 cent.

PALAMÈDE

(ANTOINE STEVEN) *Signé*

42 — Intérieur de Corps de Garde.

Pour charmer les loisirs du poste, ou peut-être ceux d'une gracieuse dame qui tient un enfant sur les bras, un officier dans un costume élégant, chapeau à plumes, larges bottes éperonnées, fièrement assis, le coude appuyé sur une chaise, fait exécuter un solo au trompette de la compagnie, debout, au centre du tableau. Les soldats se tiennent respectueusement derrière leur chef, l'un est monté sur une échelle, les autres sont groupés sur les marches d'un escalier. Dans le fond du vaste corps de garde, sont encore quatre autres soldats. L'un d'eux visite un fusil, un autre veille sur une marmite placée sur le feu.

Bois. Haut. 38 cent.; larg. 50 cent.

REMBRANDT

(École de)

43 — **Un Peintre.**

Dans l'intérieur de son atelier, il est assis devant son chevalet copiant, sans doute, divers objets groupés sur une table ou jetés à terre : se sont des instruments de musique, papiers, vase d'argent, livres fermés ou ouverts.

Bois. Haut. 34 cent.; larg. 41 cent.

SIBRECHTS

(JEAN)

44 — **Halte de Chasseurs.**

Devant la porte d'une chaumière, plusieurs seigneurs montés sur leurs chevaux, le faucon sur le poing, se disposent au départ. Les fauconniers entourent le perchoir et le palefrenier fait sortir le dernier cheval de l'écurie.

Bois. Haut. 45 cent.; larg. 55 cent.

SNEYDERS

(FRANÇOIS)

45 — **Nature morte et Fruits.**

Sur une table couverte d'un tapis, s'amoncèlent de grandes provisions : c'est d'abord un chevreuil suspendu par un pied, la tête posée sur une serviette à demi retirée d'un grand bassin de cuivre. Une corbeille remplie de fruits, raisins, poires, pommes, prunes, amandes, melon, est renversée dans ce bassin près duquel sont déposés un homard, une botte d'asperges et des artichauds. A gauche, est une seconde corbeille remplie d'oiseaux divers : faisans, perdrix, cailles et autres.

Une couleur transparente, une touche remplie de fierté, une composition agréable, une dimension moyenne sont autant d'avantages qui distinguent cet excellent tableau des meilleurs du maître.

Toile. Haut. 1 mèt. 20 cent.; larg. 1 mèt. 55 cent.

STOFFE

(J. H. N.) *Signé*

46 — **Escarmouche de Cavalerie.**

Un groupe assez nombreux de cavaliers, s'abordent le pistolet au poing. La mêlée est à son comble et sanglante. Plusieurs des combattants sont démontés et renversés à terre, morts ou blessés; mais aucun des partis ne cède le pas.

Bois. Haut. 29 cent.; larg. 37 cent.

TILBORGH

(GILES VAN)

47 — **Distribution des Aumônes.**

Une foule de mendiants, hommes, femmes, enfants, sont réunis devant un magnifique palais dont l'hôte vêtu d'un riche costume asiatique, assisté d'une espèce de religieux qui semble donner des ordres à un sommelier, fait distribuer des aumônes. Elles consistent en pains empilés en grand nombre dans un énorme panier et en vin contenu dans un tonneau placé sur le premier plan. A la gauche, sont encore à l'écart, deux autres mendiants formant repoussoir.

Toile. Haut. 70 cent.; larg. 98 cent.

ZEEMAN

(RENIER) *Signé*

48 — **Marine.**

Deux navires marchant à pleines voiles, s'apprêtent à franchir un passage resserré entre une côte montagneuse et la plage sur laquelle se voient plusieurs petits personnages.

On aperçoit encore en mer plusieus bâtiments en partance ou amarrés à la côte. L'effet est celui d'un soleil levant.

ÉCOLE FRANCAISE

DELERIVE

(N. A.) *Signé*

49 — **Marché aux Chevaux.**

Sur le premier plan, un paysan et une paysanne marchandent un cheval blanc à un maquignon; un homme assis à terre près d'une clôture en planche et un chien forment repoussoir; dans le fond, des maisons et de nombreuses petites figures spirituellement touchées.

DELERIVE

(N. A.)

50 — **Une Forge de maréchal ferrant.**

Au fond, la forge, un ouvrier qui active son foyer; au centre, le forgeron qui ferre un cheval blanc dont un homme tient le pied. Une poule, un chien et quelques accessoires complètent cet intérieur.

Delerive est élève de Casanova, dont les ouvrages sont d'une extrême rareté, car il fut assassiné à Naples ayant à peine 25 ans.

Bois. Haut. 27 cent.; larg. 21 cent.

VAN LOO

(J. B.)

51 — **Portrait de la Rosalba jeune.**

Toile. Haut. 40 cent.; larg. 32 cent.

www.ingramcontent.com/pod-product-compliance
Ingram Content Group UK Ltd.
Pitfield, Milton Keynes, MK11 3LW, UK
UKHW021527260726
13993UKWH00004B/1875